Ce livre
appartient à :
offert par :

RETROUVEZ Oui-Oui DANS

Oui-Oui et les ours en peluche

Oui-Oui et les lapins roses

Oui-Oui et le kangourou

Oui-Oui a perdu son bonnet

Oui-Oui tête en l'air

Oui-Oui et le magicien

Oui-Oui et les trois lutins

Oui-Oui et l'anniversaire des éléphants

Oui-Oui décroche la lune

Oui-Oui veut faire fortune

Oui-Oui voit du pays

Oui-Oui à la plage

Oui-Oui et le vélo-car

Oui-Oui et la voiture jaune

Oui-Oui marin

Oui-Oui champion

Les vacances de Oui-Oui

MA PREMIÈRE BIBLIOTHÈQUE ROSE

Une surprise pour Oui-Oui

Oui-Oui et son grelot

Oui-Oui et la farce de Pierrot

Oui-Oui et les belles pommes

Oui-Oui et M. Grosminou

Oui-Oui s'envole

Oui-Oui et son igloo

Oui-Oui et la gomme magique

Enid Blyton™

Oui-Oui et la gomme magique

Illustrations de Jeanne Bazin

HACHETTE

L' édition originale de cet ouvrage
a paru en langue anglaise chez
Sampson Low, Marston & CO, Ltd., Londres,
sous le titre :
NODDY AND THE MAGIC RUBBER

Hachette Livre, 43, quai de Grenelle, 75015 Paris.

1

Isidore Macaque

Un beau matin, Oui-Oui – le petit pantin au bonnet bleu – finissait de boire son café au lait lorsqu'il entendit sonner un timbre de bicyclette.

« C'est Potiron qui vient me rendre visite ! »

Mais ce n'était pas le nain Potiron.

« Tiens, c'est ce polisson d'Isidore Macaque ! J'espère qu'il ne vient pas chez moi. »

Isidore venait justement chez Oui-Oui. Il roula jusqu'à la porte sans cesser de siffler et d'actionner le timbre de sa bicyclette. Il portait une culotte rouge, une veste bleue, un comique petit chapeau rond et un nœud rose au bout de la queue.

Oui-Oui lui trouva l'air ridicule.

« Pan ! Pan ! Pan ! »

Le petit singe frappait à la porte.

« Ce n'est pas la peine de démolir la maison ! Qu'est-ce

que tu veux ? demanda Oui-Oui d'un ton sec.

— J'ai besoin de ton aide, Oui-Oui.

— Pour quoi faire ?

— Puis-je entrer pour te raconter toute mon histoire ? Je

ne voudrais pas qu'un autre m'entende.

— Tu peux entrer à condition de te conduire correctement, dit Oui-Oui. La dernière fois que tu es venu me voir, tu as renversé une tasse et une soucoupe avec ta queue.

— Je vais la mettre dans ma poche, assura Isidore.

— Tu as raison, dit Oui-Oui. Elle ne fait que des sottises !... Isidore !... Attention à ma cafetière !... Écoute, assieds-toi dessus et ne bouge plus.

— C'est une bonne idée », fit Isidore.

Il s'assit et ajouta :

« Oui-Oui, j'ai des ennuis.

— Ça ne m'étonne pas. Tu as toujours des ennuis.

— Cette fois, c'est grave, déclara Isidore d'un ton très malheureux.

— Raconte-moi ça », dit Oui-

Oui en reprenant un bol de café au lait.

Isidore commença donc son histoire. C'était une très curieuse histoire.

2

Isidore raconte son histoire

« Hier je suis allé voir ma grand-mère. Elle m'aime beaucoup et elle m'a donné un plumier.

— C'est gentil à elle, dit Oui-Oui, mais je ne comprends pas comment elle peut te supporter.

— J'ai ouvert le plumier,

continua Isidore. Il n'y avait pas de gomme. Des tas de crayons, de plumes, même un pinceau, mais pas de gomme !

— Et ta grand-mère t'en a donné une ? demanda Oui-Oui.

— Non, mais ma queue en a trouvé une.

— Ta queue ? Que veux-tu dire ? fit Oui-Oui, surpris. Fais attention, tu n'es plus assis dessus, Isidore. Vite, rassieds-toi. Elle fait tic-tac sur mes jambes.

— À ta place, queue ! dit sévèrement Isidore. Je te disais donc que ma queue a trouvé chez ma grand-mère une grosse gomme

très jolie, et l'a mise dans ma poche.

— Isidore, tu es un voleur ! »

La queue d'Isidore vint brusquement frapper la main de Oui-Oui. Celui-ci, très fâché, saisit une fourchette.

« Essaie seulement de recommencer, queue, et tu vas voir ce qui va t'arriver !

— Laisse cette fourchette, dit Isidore, et écoute au moins le reste de mon histoire.

— Continue », fit Oui-Oui.

Mais il garda la fourchette.

« Ma grand-mère a découvert que la gomme avait disparu et elle m'a fait dire de la rendre, parce que, tu comprends, c'est une gomme magique.

— Magique ? demanda Oui-Oui en étendant de la confiture sur une tartine.

— Oui ! Elle efface tout ! Pas seulement les fautes sur un cahier, mais tout ! Par exemple, si tu gommais ton tapis avec, ça ferait un trou. Si tu gommais la cafetière, elle s'effacerait, elle disparaîtrait.

— Mais c'est très dangereux !

s'écria Oui-Oui. Pourquoi ne l'as-tu pas rendue à ta grand-mère ?

— Parce que je ne l'ai plus.

— Tu ne l'as plus ?

— Non. En rentrant à la maison, j'ai rencontré Casimir Quillon, et je lui ai vendu le plumier avec la gomme, pour dix sous. Je ne savais pas quoi faire d'un plumier.

— Je devine. Tu veux que j'aille à Quillebourg et que je demande à Casimir de rendre la gomme ?

— Oui, s'il te plaît, Oui-Oui. Si Casimir s'aperçoit que la gomme est magique, il va se

mettre à effacer toutes sortes de choses. Emmène-moi dans ta voiture. Je ne peux pas y aller à bicyclette, c'est trop loin. Je te paierai bien. Regarde ! »

Il sortit son porte-monnaie et le vida sur la table.

« Je n'ai pas envie de t'emmener, déclara Oui-Oui.

— Pourquoi ?

— À cause de ta queue. Elle serait capable d'appuyer sur le klaxon et de faire un vacarme épouvantable.

— Je la garderai dans ma poche, promit Isidore. Je t'en supplie, emmène-moi chercher cette gomme ! Ma grand-mère a dit que, si je ne la rapportais pas, elle me fouetterait tous les jours pendant un mois. S'il te plaît, Oui-Oui, s'il te plaît !...

— Bon, dit Oui-Oui en se levant. Viens. »

3

Quillebourg

Isidore et Oui-Oui ne mirent pas longtemps à monter dans la voiture. Ils roulèrent joyeusement sur la route de Quillebourg.

« Pouêt-Pouêt ! » fit la voiture en croisant M. Culbuto. « Pouêt-Pouêt ! » fit-elle en dépassant

une poupée habillée en rose, avec un panier à provisions. Puis elle klaxonna encore, mais il n'y avait rien sur la route.

« Que se passe-t-il, petite auto ? » demanda Oui-Oui, surpris.

Il fronça les sourcils.

« Isidore, c'est ta queue ! Elle appuie sur le klaxon, et voilà qu'elle essaie de prendre le volant ! Veux-tu faire attention ! »

Ils lurent « Quillebourg » sur un poteau indicateur, et bientôt, ils y arrivèrent. Les rues étaient pleines de quilles qui allaient et venaient. Oui-Oui ne se donna pas la peine de klaxonner, car il

était permis de les renverser comme on voulait.

« Ce qu'il y a de bien avec les quilles, dit-il, c'est qu'elles aiment tomber. Où habite ton ami ?

— Là », répondit Isidore en montrant une petite maison bancale.

La voiture s'arrêta devant la maison. Un petit garçon en sortit et vint jusqu'à la grille.

« Bonjour, Isidore !

— Casimir, dit Isidore, je voudrais reprendre le plumier que je t'ai donné.

— Si tu veux », répondit Casimir Quillon.

Il rentra dans la maison et revint avec le plumier qu'il tendit à Isidore. Isidore lui rendit les dix sous.

« Merci », dit-il.

Juste au moment où le petit singe s'installait de nouveau dans la voiture, sa queue se mit à

lui taper sur l'épaule. « Pan ! pan ! »

« Que se passe-t-il ? demanda Oui-Oui, étonné. N'essaie-t-elle pas de te dire quelque chose ?

— Sûrement, répondit Isidore. Qu'y a-t-il, queue ? Ah ! tu veux que j'ouvre le plumier ? »

Il ouvrit donc le plumier, et poussa un cri.

« La gomme n'y est pas ! Elle n'y est pas ! Casimir, où est la gomme ? Il y avait une énorme gomme, très jolie, dans le plumier !

— Je n'y pensais plus, dit Casimir. Comme j'ai beaucoup de gommes, je l'ai donnée à

Minette. Elle habite à Chatonville, là-bas, un peu plus loin. »

Le singe se mit à gémir.

« Comme c'est ennuyeux ! Oui-Oui, veux-tu me conduire à Chatonville, s'il te plaît ?

— C'est vraiment très loin... » commença Oui-Oui.

Mais Isidore le regardait d'un air si malheureux qu'il baissa vite la tête pour faire signe que oui.

« C'est bon, c'est bon, je vais t'emmener. Je vois que tu as peur d'être fouetté pendant un mois ! »

Ils allèrent donc à Chatonville. La queue du petit singe appuyait sur le klaxon chaque fois qu'ils rencontraient quelqu'un. Elle était vraiment désagréable !

4

Chatonville

Oui-Oui vit bientôt qu'ils arrivaient à Chatonville, car ils rencontraient des quantités de petits chats. Il y en avait sur des bicyclettes, d'autres qui marchaient. Une mignonne petite

chatte, avec un bonnet rose et de ravissantes moustaches, courait derrière un cerceau.

« Voici justement Minette, dit Isidore. C'est une chance de la rencontrer ! Hé, psst, psst !...

— Ne l'appelle pas comme ça, conseilla Oui-Oui. Sors de la voiture et enlève poliment ton chapeau pour lui parler. »

Isidore descendit de la voiture et se dirigea vers Minette. Il ôta son chapeau et s'inclina avec beaucoup de politesse.

« Bonjour, Minette », fit-il.

La petite chatte attrapa son cerceau et regarda Isidore avec

ses grands yeux brillants. C'était vraiment une ravissante petite chatte ; Oui-Oui aurait bien voulu l'emmener faire une promenade en voiture. Il aurait pu la conduire jusqu'à la maison-champignon de Potiron.

Potiron avait un gros chat noir nommé Moustache. Ils auraient fait connaissance.

« Qu'est-ce que tu veux ? demanda Minette.

— Je voudrais la gomme que Casimir Quillon t'a donnée, répondit Isidore. Je suis vraiment désolé, mais elle appartient à ma grand-mère.

— Mais c'est un cadeau de Casimir. Je veux la garder. Tu ne l'auras pas. »

Isidore pensa que la petite chatte n'était pas aussi mignonne qu'il l'avait cru tout d'abord.

« Je t'en supplie, dit-il. Il me la

faut. Je te paierai une glace à la framboise si tu me la rends.

— Non. Et n'essaie pas de me prendre mon cerceau avec la queue. »

Oui-Oui intervint :

« Je te ferai faire une jolie

promenade dans mon auto si tu rends la gomme.

— Oh ! » s'écria Minette, avec son plus beau sourire. Même ses moustaches souriaient. Oui-Oui sourit aussi et fit une place à côté de lui à la petite chatte.

« Monte derrière », dit-il au petit singe.

La promenade en voiture autour de Chatonville amusa beaucoup Minette. Elle s'agitait tellement que le bonnet de Oui-Oui faillit tomber une douzaine de fois. Son grelot tintait joyeusement, et sa tête se balançait à toute vitesse. Les moustaches de

Minette lui chatouillaient les oreilles, mais cela ne lui faisait rien.

Isidore fronçait les sourcils. Il n'était pas content d'être assis à l'arrière, et de tenir le cerceau, et la baguette du cerceau.

Il se trouvait ridicule. Il fut

heureux quand la promenade prit fin.

« Et la gomme, maintenant ? demanda-t-il à Minette quand elle descendit de voiture.

— La gomme ? reprit-elle en mettant la main dans sa poche. Oh ! je ne l'ai plus. Il y a un trou dans ma poche ! Elle a dû tomber ! Je suis désolée ! »

Elle s'en alla en faisant rouler son cerceau, jolie comme une image.

Qu'allait faire Isidore maintenant ?

5

« Récompense »

« C’est une menteuse ! s’écria Isidore. Elle voulait juste faire une promenade pour rien !

— Non, elle a dit la vérité, j’en suis sûr ! répliqua Oui-Oui,

indigné. Tu sais que la gomme efface tout. Elle a dû frotter contre le fond de sa poche et faire un trou. C'est ainsi que Minette l'aura perdue ! Comment savoir qui l'a ramassée ?

— Qu'est-ce que je vais faire ? » gémit Isidore.

Il voyait déjà sa grand-mère en train de le fouetter.

« Oui-Oui, aide-moi, trouve quelque chose ! »

Oui-Oui s'assit et se mit à réfléchir. Sa tête se balançait doucement. Puis le grelot tinta très fort, ce qui arrivait toujours quand il avait une bonne idée.

« Je sais ! Tu vas faire une grande affiche et tu la mettras sur le mur qui est là. Sur l'affiche, tu écriras que tu offres une récompense à celui qui nous rapportera la gomme.

— Oui-Oui, tu es vraiment

très intelligent ! » dit Isidore. Oui-Oui se sentit flatté.

Ils écrivirent l'affiche ensemble et la clouèrent sur le mur. Voici ce qu'elle disait :

Perdu une grosse gomme. Deux glaces de récompense à celui qui la rapportera aujourd'hui à Isidore Macaque, à la Pâtisserie principale de Chatonville.

« Si nous allions à la pâtisserie manger quelques gâteaux ? proposa Isidore. Nous attendrons qu'on nous rapporte la gomme. Pourvu qu'on nous la rapporte ! »

Il y avait des quantités de petites tables dans le salon de

thé. Des chats étaient en train de manger des pâtisseries.

Oui-Oui demanda un sandwich au jambon, des macarons et une glace, et Isidore un gâteau à la noix de coco et une tranche d'ananas.

« Attention, Isidore ! » cria Oui-Oui.

La queue du petit singe se balançait par terre. Elle fit trébucher la serveuse qui tomba. Isidore reçut une énorme glace à la vanille sur la tête !

« Je t'avais prévenu », dit Oui-Oui avec colère.

Il essuya la crème sur la tête d'Isidore. Il n'était pas content du tout.

6

Noéville-sur-Mer

Quelqu'un s'approcha de leur table. C'était un chat très gros. Il portait un chapeau haut de forme et un pantalon long.

« C'est vous qui avez mis l'affiche ? demanda-t-il.

— Oui, répondit Isidore. Avez-vous trouvé la gomme ?

— Non, mais c'est un ami à moi qui l'a trouvée sur la route. Il est venu de Noéville-sur-Mer ce matin. Juste au moment où il descendait de l'autobus, il a vu la gomme. Il l'a ramassée pour la donner à l'un de ses trois fils.

— Parfait, dit Isidore. Comment s'appelle-t-il, s'il vous plaît, et où habite-t-il dans Noéville ?

— C'est l'un des Noé qui habitent là-bas. Demandez M. Noé XII. Tout le monde le connaît.

— Merci, dit Isidore, très

content. Oui-Oui, rendons-nous à Noéville. Si cela continue, nous allons y passer toute la matinée !

— Sûrement, dit Oui-Oui. Mais j'espère que, cette fois, nous retrouverons la gomme, Isidore ! Je l'espère bien. »

Ils repartirent. Noéville était vraiment très loin, mais ils finirent par y arriver. Quelle quantité d'arches de Noé, il y en avait partout ! Des petites, des grandes, les unes avec la porte fermée, d'autres avec la porte ouverte. Près de celles qui

étaient ouvertes, on voyait des animaux par paires.

« Il faut demander maintenant M. Noé XII, déclara Oui-Oui. Il est vraiment heureux que nous sachions son numéro, sinon nous n'aurions jamais pu le trouver. Tous les MM. Noé se ressemblent comme des gouttes d'eau. »

C'était vrai. Six d'entre eux bavardaient dans un coin, et on ne pouvait pas les distinguer l'un de l'autre. Oui-Oui klaxonna. Ils se retournèrent tous.

« Excusez-moi, fit poliment Isidore Macaque. Pouvez-vous

me dire où habite M. Noé XII ?

— Noé XII ? Il habite dans cette arche, là-bas, répondit un des Noé. Mais laissez votre voiture ici ; elle ferait peur aux animaux. »

Oui-Oui et Isidore laissèrent donc la voiture et marchèrent jusqu'à la grande arche de bois de M. Noé XII. Il y avait des quantités d'animaux par paires.

« Bonjour », firent deux singes bruns à Isidore.

« Bonjour », firent deux autruches à Oui-Oui.

L'une d'elles voulut arracher avec son bec le grelot du bonnet de Oui-Oui. Il l'arrêta juste à temps.

« Bonjour », firent deux serpents.

Ils s'étaient glissés entre les jambes d'Isidore, et le petit singe faillit tomber. Il se mit en colère.

Oui-Oui rit aux éclats, et Isidore se fâcha tout rouge.

« Laisse-moi chasser de là ces animaux, dit-il. Ils sont très mal élevés. Oh ! regarde. Est-ce M. Noé XII qui arrive ? »

7

C'est extraordinaire !

Isidore et Oui-Oui allèrent à la rencontre du grand bonhomme de bois.

« Êtes-vous monsieur Noé XII ? demanda Isidore.

— Oui. Vous voulez me parler ?

Entrez dans mon arche, je vous prie.

— Non, merci, dit Isidore d'un ton poli. Je n'en ai pas pour longtemps. Je voulais seulement vous parler de la gomme que vous avez trouvée ce matin. Elle est à moi.

— Vraiment ? lui demanda M. Noé XII en tirant son porte-monnaie de sa poche. Je vais vous l'acheter. C'est mon fils Sem qui l'a, et elle lui plaît.

— Mais je ne veux pas la vendre ! répliqua Isidore. Il faut que je la rende à ma grand-mère.

— Alors, allons la demander à

Sem. Il n'est pas loin d'ici ; mais il voudra peut-être quelque chose d'autre en échange. »

Sem était en train de jouer avec les deux tigres et les deux lions de l'arche. Oui-Oui n'était pas rassuré, ils rugissaient tellement fort !

Les lions et les tigres vinrent flairer les chevilles d'Isidore. La queue du petit singe servit enfin à quelque chose : elle se mit à donner des coups aux gros animaux qui s'enfuirent épouvantés !

« Bonjour, Sem, dit Isidore. Je crois que tu as ma gomme, celle

que ton père a trouvée et qu'il t'a donnée.

— Je l'avais, dit Sem. Mais je n'en voulais plus. Je l'ai échangée contre une glace à la vanille. »

Isidore et Oui-Oui le regardèrent d'un air consterné. Jamais, jamais, semblait-il, ils ne retrouveraient cette gomme magique !

« À qui l'as-tu donnée ? demanda Isidore. À quelqu'un d'ici, j'espère ?

— Eh bien, non. Je l'ai donnée à un ours de Miniville. Il est venu ici par le train pour chercher un chien. Il demande toujours qu'on lui prête un chien

de garde quand il s'absente de sa maison un jour ou deux. Il s'appelle Bouboule.

— M. Bouboule ! s'écria Oui-Oui, étonné. Je le connais très bien. Il habite à côté de chez moi !

— C'est vrai ? dit Sem. Alors tu sais où le trouver ! Je lui ai donné la gomme pour son fils, le petit Bouboule.

— C'est extraordinaire ! fit Oui-Oui. J'ai parcouru tout ce chemin, des kilomètres et des kilomètres, et, pendant ce temps-là, la gomme est revenue à Miniville, juste dans la maison à côté de chez moi ! »

8

Le retour

« Il faut rentrer très vite, dit Isidore. M. Bouboule doit s'absenter pour un jour ou deux, et il sera peut-être parti quand nous arriverons, si nous ne nous dépêchons pas !

— Oui, vite, vite, reprenons la voiture ! »

La tête de Oui-Oui se balançait si fort que le petit singe n'arrivait même pas à la suivre des yeux.

« Pourvu que le petit Bouboule n'ait pas essayé d'effacer

quelque chose avec la gomme ! S'il découvre que c'est une gomme magique, il fera des tas de sottises ! »

Les deux amis trottaient à perdre haleine.

« Tu rouleras le plus vite possible ! dit Isidore, inquiet. Je ne voudrais pas qu'il use tout le magique de la gomme ; ma grand-mère serait très fâchée !

— Nous y voici. Monte ! Et ôte ta queue de mon chemin. Si elle se remet à appuyer sur le klaxon, je te l'arrache et je la jette sur la route.

— Tu ne feras pas ça ! cria

Isidore d'un air féroce. Si tu le fais, je jetterai ton bonnet dans l'étang ! »

Oui-Oui saisit aussitôt son bonnet et s'assit dessus. Isidore en fit autant avec sa queue.

« Qu'elle ne bouge plus ! » dit sévèrement Oui-Oui.

Il remit son bonnet sur sa tête et ajouta : « Allons-y ! »

Ils revinrent à Miniville. Le grelot de Oui-Oui tintait très fort. Allaient-ils trouver M. Bcu-boule chez lui ? Ils roulèrent aussi vite qu'ils purent dans les rues de la ville. Ils faillirent même renverser un réverbère à

Painduebidu

un carrefour. Il se balança deux ou trois fois après leur passage, mais ne tomba pas. Heureusement !

Oui-Oui s'arrêta devant la maison de M. Bouboule. Le boulanger passait justement. Oui-Oui l'appela :

« Monsieur Rassis, y avait-il quelqu'un quand vous êtes passé chez M. Bouboule ?

— Ils viennent juste de partir, répondit le boulanger. Ils voulaient que tu les emmènes en voiture à la gare, Oui-Oui, mais tu n'étais pas là. »

Oui-Oui eut envie de fondre

en larmes. La gomme magique leur échappait encore !

« C'est vraiment ennuyeux ! fit Isidore. Monsieur Rassis, savez-vous où sont allés les Bouboule ?

— Non, pas du tout, répondit

le boulanger. Ils ont laissé un chien dans la maison. Je le sais, parce que je l'ai entendu aboyer. C'est certainement un chien de l'arche de Noé ! »

Il s'en alla de son côté, tandis que Oui-Oui et Isidore s'en allaient tristement du leur.

« Et maintenant, qu'allons-nous faire ? » s'écria Isidore.

9

Le petit Bouboule s'amuse

« Regardons dans la maison par la fenêtre, dit Oui-Oui. Nous apercevrons peut-être la gomme quelque part. Si nous la voyons, je suis sûr que cela ne fera rien à M. Bouboule que nous ouvrions

la fenêtre pour aller la chercher.

— Et le chien ? répliqua Isidore. Il pourrait nous mordre !

— Je vais aller chercher un os chez moi. Il sera si content de l'avoir qu'il nous laissera tranquilles. Attends-moi ici une minute !

— Oui », dit Isidore.

Le petit singe attendit donc. Oui-Oui revint quelques instants plus tard, avec un os magnifique.

« Regardons maintenant par la fenêtre ! »

Ils se penchèrent à l'intérieur, mais il n'y avait pas de gomme en vue.

« Essayons de regarder par la fenêtre de la cuisine, dit Oui-Oui. C'est là que le petit Bouboule range ses jouets, dans un placard. Mais il oublie quelquefois de les ranger. La gomme y est peut-être. Viens ! »

Ils allèrent donc jeter un coup d'œil par la fenêtre de la cuisine. Quelle surprise ! Le petit Bouboule était là en personne. Et savez-vous ce qu'il faisait ? Il était en train de se servir de la gomme magique ! Oui, c'est

exactement ce qu'il faisait !

« Regarde ! s'écria Isidore. Il l'a, et il est en train d'effacer des tas de choses ! »

Le petit Bouboule s'amusait bien. Il faisait des trous dans la table de la cuisine : il en manquait des morceaux ; et il avait fait aussi des trous dans le mur.

« Vite, il faut l'arrêter ! » répondit Oui-Oui.

Il frappa violemment à la fenêtre.

« Il va finir par faire disparaître toute la maison !... Lâche vite cette gomme, Bouboule ! »

10

Le petit Bouboule est très méchant

Le petit Bouboule leva les yeux.

Il agita sa patte pour dire bonjour à Oui-Oui.

« Regarde ce que j'ai fait ! cria-t-il. Je m'amuse bien !

— Ouah ! Ouah ! Ouah ! » fit

le chien de l'arche de Noé. Il traversa la cuisine en courant pour voir qui était à la fenêtre.

« Mon papa et ma maman sont partis pour la nuit, expliqua le petit Bouboule. Ils ont laissé ce chien pour me garder. Voulez-vous jouer avec moi ?

— Bouboule, donne-moi la gomme ! cria Oui-Oui. Elle appartient à Isidore. Il vient la reprendre. Donne-la.

— Non. Je veux la garder. Elle est à moi.

— Au moins, ne t'en sers plus ! gémit Isidore Macaque. Regarde ce que tu as fait ! Tu as effacé la

moitié de la table ! Et regarde les trous dans les murs ! Que va dire ta mère ?

— C'est mon papa qui me l'a donnée, répliqua Bouboule. Il a dit que je pouvais m'en servir, alors tu vois !

— Mais il ne savait pas que

c'était une gomme magique ! cria Oui-Oui.

— Oh ! elle est magique ? fit le petit Bouboule, ravi. Il me semblait bien aussi qu'elle avait quelque chose de bizarre. Tra-la-la, elle est magique !... »

Et il fit un trou au beau milieu du coussin du fauteuil.

« Il faut entrer et lui reprendre cette gomme, dit Oui-Oui. Il va tout faire disparaître !

— Et le chien ? demanda Isidore en jetant un coup d'œil timide au chien de l'arche de Noé. Il aboie comme un diable !

— Les chiens des arches de

Noé aboient mais ne mordent pas. Et puis il faut être courageux. Allons-y ! »

Oui-Oui se hissa sur le rebord de la fenêtre ouverte. Le chien se précipita vers lui en aboyant, mais le brave petit Oui-Oui n'y

fit même pas attention. Il sauta dans la cuisine et se dirigea droit vers Bouboule.

« Va-t'en, sinon je t'efface ! » cria le petit ours.

Oui-Oui s'arrêta brusquement. Il n'avait aucune envie d'être effacé par une gomme magique ! Vilain Bouboule ! Pourquoi était-il devenu soudain si méchant ? Lui qui était d'habitude un si gentil petit ours !...

11

Oui-Oui reprend enfin la gomme

Isidore se souvint tout à coup de l'os que Oui-Oui était allé chercher. Il le jeta au chien qui aboyait. Le chien cessa d'aboyer et courut pour attraper l'os. Isidore monta sur le rebord de la fenêtre, sauta, se dirigea vers

Bouboule et le regarda d'un air féroce.

« Et maintenant, dit-il, si tu ne me donnes pas cette gomme, je te prends et je te jette par la fenêtre, juste dans ce buisson d'épines.

— Si tu t'approches encore, je t'efface ! » répondit méchamment le petit ours en dansant autour d'Isidore et en le menaçant avec la gomme.

La queue du singe essaya de l'attraper. Bouboule donna un petit coup de gomme sur le bout de la queue qui disparut aussitôt, effacé !

« Tu as effacé le bout de ma queue ! cria Isidore. Arrête, Bouboule ! »

Mais Bouboule ne s'arrêta pas. Qu'allait-il encore faire d'amusant avec cette gomme ? Il effaça une marmite. Il effaça la pendule. Il essaya même d'effacer le bonnet de Oui-Oui qui n'eut que le temps de se sauver. Ni lui ni Isidore n'osaient trop s'approcher du méchant petit ours !

Puis, soudain, Bouboule trébucha sur le chien. La gomme s'échappa de sa main et alla rouler dans un coin sombre. Oui-

Oui la ramassa aussitôt. Enfin, il l'avait récupérée !

« Et maintenant, fit-il en marchant vers le méchant ours, que vais-je effacer en premier, ton nez ou tes oreilles ? »

Bouboule se sauva en hurlant dans l'escalier. Le chien le suivit, sans lâcher son os. Bouboule fit claquer la porte de sa chambre à coucher et s'enferma à clef. Clic !

« Cette fois-ci, nous la tenons, cette gomme ! dit Oui-Oui. Ce n'est pas trop tôt ! Je ne sais pas ce que dira Mme Bouboule quand elle rentrera chez elle et qu'elle verra les trous dans la table, dans les murs, partout !

— Elle n'aura qu'à aller chez ma grand-mère qui lui donnera une formule magique pour faire revenir les objets effacés. Passe-moi la gomme, Oui-Oui !

— Non. Je veux d'abord m'en servir. Je voudrais enlever un rayon de mon armoire et effacer les taches de mon escalier. Viens chez moi, tu attendras, Isidore. »

12

La fin de l'aventure

Isidore suivit Oui-Oui en grognant :

« Tout le magique de la gomme sera usé ! Et je serai fouetté ! »

Sa queue encercla Oui-Oui et, brusquement, lui fit tomber la

gomme des mains. Isidore se baissa vite pour la ramasser, mais Oui-Oui fut plus rapide.

« Range ta queue dans ta poche ou attache-la autour de ton cou ! cria Oui-Oui, fâché. J'en ai assez ! »

Mais une minute plus tard, la queue faisait trébucher Oui-Oui. Il faillit encore lâcher la gomme. Il était vraiment furieux.

« Assieds-toi sur cette chaise et ne bouge plus jusqu'à ce que j'aie fini ! »

Oui-Oui regardait Isidore d'un air si féroce que le singe s'assit, apeuré.

Isidore était fatigué. Ses yeux se fermèrent. Il fit entendre un petit ronflement et sa queue s'échappa de sa poche. Elle tomba juste à côté de Oui-Oui qui était en train d'effacer le rayon dont il n'avait pas besoin. La queue se glissa dans la poche de Oui-Oui pour voir ce qu'elle pourrait bien y trouver.

Oui-Oui mit soudain la main dans sa poche et il y trouva la queue du petit singe. Devinez-vous ce qu'il fit ? Oui, vous avez deviné ! Il effaça la queue avec la gomme magique ! Il effaça la queue tout entière ! Pauvre

Isidore ! Cela lui apprendra à faire attention !

Isidore se réveilla juste au moment où Oui-Oui terminait son travail. Le petit singe regarda la pendule de Oui-Oui et se mit debout.

« Si je ne rends pas la gomme à ma grand-mère immédiatement, elle viendra me chercher pour me fouetter ! Donne-moi la gomme, je t'en prie, Oui-Oui ! »

Oui-Oui la lui donna avec un sourire moqueur.

« La voici ! Merci pour l'aventure, Isidore. Nous avons passé une journée passionnante !

— C'est vrai », répondit Isidore.

Il alla chercher sa bicyclette qui était toujours contre le mur, exactement à l'endroit où il l'avait laissée le matin.

« Fais attention à ta queue ! » cria Oui-Oui.

Isidore lui fit signe que tout allait bien.

« N'aie pas peur, Oui-Oui, elle est dans ma poche ! »

Mais elle n'y était pas. Elle était effacée. Oui-Oui, que dira

Isidore quand il s'apercevra de ce que tu as fait à sa queue ?

Oui-Oui compta son argent, celui qu'Isidore lui avait donné le matin pour le convaincre de l'emmener à Quillebourg. Quelle fortune ! Il pourrait acheter un

nouveau pot de peinture pour repeindre sa petite auto.

« J'ai vécu une véritable aventure aujourd'hui, dit-il à la voiture en allant la ranger dans son garage. Veux-tu en vivre une nouvelle ? J'aime tellement les aventures !

— Pouêt ! Pouêt ! fit la voiture. Moi aussi, Oui-Oui ! Pouêt ! Pouêt ! »

Oui-Oui rentra chez lui en chantant. L'entendez-vous ?

Pauvre Isidore !
Laissez-moi rire encore !
Quand il s'apercevra
Que sa queue n'est plus là

Quelle tête il fera !
Tous les deux aujourd'hui
Nous sommes partis
À toute allure
Dans ma voiture
Faire un grand tour
À Noéville, à Quillebourg.
La belle aventure,
Je vous assure !
Gomme-ti, gomme-ton,
je vais tout raconter à Potiron.

Table

Imprimé en France par ***Partenaires-Livres*** ®
N° dépôt légal : 14352- août 2001
20.24.0673.2/02 ISBN : 2.01.200673.6

Loi n° 49-956 du 16 juillet 1949
sur les publications destinées à la jeunesse